BERTHILIE,

MÉLODRAME

EN TROIS ACTES ET A GRAND SPECTACLE,

Paroles de M. LOUIS;

Musique de MM. QUAIZAIN et LANUSSE.

BALLETS DE M. MILLOT.

Représenté, pour la première fois, à Paris, sur le Théâtre de l'Ambigu-Comique, le 12 Mai 1814.

PARIS,

HOCQUET, Imprimeur, rue du Faubourg Montmartre, N. 4.
BARBA, Libraire, Palais Royal, près le Théâtre Français.

1814.

PERSONNAGES.   ACTEURS.

THEOBARD DE RABENSTEIN. — M. *Grévin.*
BERTHILIE, son épouse. — Mlle. *Adèle.*
EMMA DE RABENSTEIN. — Mlle *Lévesque.*
AMALABERGUE, chevalier. — M. *Defresne.*
VOLFRAM, chevalier banneret du couvent de Ste.-Ursule. — M. *Sallé.*
BENEDICTE, moine ermite. — M. *Villeneuve.*
BERTRAM, père putatif de Berthilie. — M. *Fresnoy.*
HERRMANN, concierge du château. — M. *Douvry.*
ELENIRE, sa sœur, fermière. — Mlle *Lagrénois.*
OTTO, fils de Théobard, âgé de cinq ans. — Mlle. *Choplet.*

Vassaux.
Soldats.
Esclaves chrétiens.
Vandales.
} *Personnages muets.*

La scène se passe en Thuringe, au tems de la première croisade, vers l'an de notre ère 1150.

BERTHILIE,

Mélodrame en trois actes et à grand Spectacle.

ACTE PREMIER.

Le Théâtre représente un pont rustique, qui conduit au hameau de Rabenstein. A gauche, sur le devant, une fontaine gothique isolée, surmontée d'une statue de la Vierge. Deux sycomores, aux pieds desquels sont placés deux bancs en pierre, ombragent ce monument.

SCENE PREMIERE.
HERMANN, ELENIRE.

HERMANN.

Au revoir, ma sœur... Encore une fois, je te recommande cette infortunée.

ELENIR.

Mais un moment donc.

HERMANN.

Mes fonctions de concierge me rappellent en cet instant au château; nous nous reverrons.

ELENIRE.

Mais, pour s'intéresser à cette femme, il serait cependant bon de savoir qui elle est.

HERMANN.

Elle est malheureuse, cela doit nous suffire.

ELENIRE.

Ecoute, Hermann; ce n'est pas pour te faire un reproche; mais ce ne serait pas la première fois que tu aurais été dupe des apparences.

HERMANN.

C'est possible, mais cela ne me corrigera pas... Je la vois encore, cette infortunée, fuir à mon aspect et s'élancer sur le pont du torrent... un instant plus tard, elle se jetait dans le précipice!

ELENIRE.

Ah! mon Dieu!

HERMANN.

Ce n'est qu'avec des peines infinies que je parvins enfin à la faire consentir à me suivre jusques dans ta maison.

ELENIRE.

Depuis qu'elle a repris ses sens, elle ne parle que de couvens, de prisons, d'une méchante femme qui la fait chercher.

HERMANN.

C'est ce que j'ai remarqué.

ELENIRE.

Si c'était une religieuse échappée de ce couvent situé de l'autre côté de la forêt ?

HERMANN.

Quelle idée !

ELENIRE.

C'est qu'il court dans toute la Thuringe des bruits assez extraordinaires sur ce couvent... Il doit effectivement renfermer des prisons, des souterrains... les malheureuses qu'on y fait descendre, ne revoyent jamais la lumière du jour... et lorsque la belle Emma...

HERMANN.

Allons, te voilà encore avec tes vieilles histoires... Adieu.

ELENIRE.

Non, non, il faut que tu m'écoutes. L'arrivée de cette femme, le peu de mots qui lui sont échappés, viennent de faire naître en moi un soupçon, qu'il serait peut être de la plus haute importance d'éclaircir.

HERMANN.

Comment cela ?

ELENIRE.

Sais-tu bien qui était cette Emma ?

HERMANN.

Tu veux parler de la sœur d'Odoard, père de notre jeune seigneur, le chevalier Théobard.

ELENIRE.

Oui. Emma, pour son malheur, était la sœur d'Odoard, le plus fier, le plus cruel des chevaliers de la Thuringe.

HERMANN.

Heureusement son fils ne lui ressemble pas.

ELEMIRE.

Emma aimait en secret un jeune écuyer de ce frère barbare ; ne pouvant espérer qu'il consentît jamais à donner la main de sa sœur à un homme si au-dessous de lui, par le rang et la naissance, elle l'épousa secrètement... cette union fut long-tems heureuse ; mais trop de sécurité finit enfin par les trahir... La même nuit, les deux époux disparurent... L'écuyer, dit-on, a payé de sa vie l'affront fait au sang de ses maîtres ; quand à Emma, on prétend qu'Odoard la conduisit lui-même dans ce couvent dont je viens de te parler, et dont l'abbesse était son amie ; il partit ensuite pour la terre-sainte, dont, Dieu merci, il n'est pas revenu.

HERMANN.

J'espère que tu ne vas pas t'imaginer que cette infortunée que je viens de sauver, soit cette Emma.

ELÉNIRE.

Non, sans doute ; car après toutes les recherches que notre

jeune maître, ce vertueux fils du barbare Odoard a fait faire, il ne paraît malheusement que trop prouvé, qu'Emma a enfin terminé sa déplorable carrière ! non, cette infortunée n'est point Emma ; mais ne pourrait-elle pas avoir été une de ses compagnes de malheur... son amie, peut-être ?

HERRMANN.

Ce soupçon, quelqu'invraisemblable qu'il soit d'ailleurs, est cependant un nouveau motif pour porter à cette infortunée, le plus grand intérêt. Retourne auprès d'elle, ne la perds pas un instant de vue ; je vais en parler à notre chère et bonne dame ; ce sera, sans doute, lui fournir l'occasion de signaler ce jour mémorable, par un nouvel acte de bienfaisance... adieu.

ELÉNIRE.

Au revoir. (*Elle rentre.*)

SCENE II.

HERRMANN, puis BÉNÉDICTE.

HERRMANN.

Si Elénire avait raison !.. Si cette infortunée s'était en effet évadée de ce couvent !... tant mieux... (*Bénédicte paraît et s'approche.*) si cela est, je me félicite doublement de l'heureux hasard auquel je dois sa rencontre... Mais retournons au château.

BÉNÉDICTE.

Je ne me trompe pas, c'est Herrmann.

HERRMANN.

Moi-même... que me voulez-vous ?

BÉNÉDICTE.

Eh ! quoi, vous ne me reconnaissez pas ?

HERRMANN.

Ah ! pardon, je vous remets actuellement... mais aussi, votre séjour parmi nous a été de si courte durée ! nous ne vous croyions plus de ce monde. Mais enfin vous voilà de retour.

BÉNÉDICTE.

Et j'en bénis le ciel !... Mais dites-moi, Herrmann, tout-à-l'heure, en traversant le hameau, une quantité de chaumières nouvellement rebâties ont frappé mes regards...

HERRMANN.

Hélas ! depuis votre départ, de grands et funestes événemens se sont passés dans cette partie de la Thuringe !.. ces peuplades féroces et guerrières, connues sous le nom de Vandales, qui étaient venues inonder la droite de l'Elbe, et y fixer leurs habitations, ont causé et causent encore tous nos maux.

BÉNÉDICTE.

Les Vandales, dites-vous ?

HERRMANN.

Leur apparition n'eut d'abord rien d'alarmant... Uniquement occupés à défricher le désert, dont ils avaient sans doute deviné la fertilité, ils respectaient les propriétées de leurs voisins, et vivaient en paix avec eux, lorsque, tout-à-coup, par des motifs qu'il a été jusqu'ici impossible de pénétrer, ils vinrent fondre sur notre hameau : c'était au moment de la récolte ; tout le monde était aux champs ; tout-à-coup, nous voyons s'élever dans les airs un noir tourbillon de flammes et de fumée... bientôt les cris de nos femmes, de nos enfans, viennent jusqu'à nous ; nous volons à leur secours, nous repoussons ces barbares ; mais, hélas ! une partie d'entre eux avait déjà regagné le désert, traînant en esclavage les femmes, les enfans, et jusques aux vieillards !

BÉNÉDICTE.

Cette conduite cache, en effet, un mystère inconcevable.

HERRMANN.

Envain Théobard leur demandait le motif d'une aussi injuste agression ; un mauvais génie semblait d'une main invisible répandre la méfiance et la discorde, chaque fois que notre brave chevalier faisait porter à ces hordes sauvages des paroles de paix. Fatigué enfin de l'inutilité de ses démarches, convaincu que pour mettre fin à cette guerre d'extermination, il fallait porter au sein même de la retraite de ces barbares le deuil et l'épouvante, Théobard vient de partir à la tête de ses braves guerriers... déjà même il doit avoir passé le fleuve.

BÉNÉDICTE.

Théobard n'est point ici !... Sans doute le chevalier Amalabergue, son parent et mon protecteur, l'aura accompagné dans cette périlleuse entreprise ?

HERRMANN.

Non... Amalabergue, pendant l'absence de Théobard, reste au château pour protéger son épouse et son fils.

BÉNÉDICTE.

Eh quoi ! Théobard serait déjà marié ?

HERRMANN.

Ce n'est pas la chose la moins extraordinaire que j'aie à vous apprendre.

BÉNÉDICTE.

Comment cela ?

HERRMANN.

Le lendemain de la première invasion des Vandales, Théobard était venu nous apporter des secours et des consolations ; il retournait au château, comblé de nos bénédictions, lorsqu'une jeune paysanne fondant en larmes, frappa ses regards ; c'était ici, près de cette fontaine, où elle venait puiser de l'eau ; ses yeux étaient fixés sur cette image, que sa douleur semblait implorer... L'aspect de cette jeune et intéressante orpheline, car vous saurez que son père fut une des victimes de cette déplorable journée, toucha vivement notre jeune chevalier... Berthilie était sans asyle, sans protection ; après avoir écouté le récit de ses malheurs, Théobard la conduisit dans la maison de ma sœur, et la recommanda à ses soins. La beauté était un des moindres avantages de Berthilie ; à la douce pitié, succéda insensiblement dans le cœur de Théobard un autre sentiment, et bientôt, foulant aux pieds tous les préjugés de son rang, de sa naissance, on le vit, aux acclamations de ses vassaux, conduire à l'autel la fille du pauvre Bertram.

BENEDICTE.

Bertram!

HERRMANN.

Eh! oui, l'auriez-vous connu?

BENEDICTE.

Mais attendez donc... Lors de mon premier séjour chez le père Anselme, je l'accompagnai chez un habitant de ce hameau, dangéreusement malade, et qui voulait, avant de mourir, lui faire une révélation importante. Cet événement, qui, à cette époque, n'était pour moi d'aucun intérêt, se retrace en cet instant tout entier à ma mémoire. Cet homme aussi s'appelait Bertram.

HERRMANN.

C'est le même...

BENEDICTE.

Il se pourrait...

HERRMANN.

Bertrand fut en effet très-malade; mais il a recouvré la santé.

BENEDICTE.

Dites-moi; Bertram avait sans doute encore une autre fille?

HERRMANN.

Berthilie était son unique enfant.

BENEDICTE.

En êtes-vous certain?

HERRMANN.

Absolument.

BENEDICTE

Et Bertram a pu donner son consentement à cette union?

HERRMANN

Le ciel n'a pas permis que ce brave homme fût témoin du bonheur de sa fille.

BENEDICTE.

C'est juste : je l'avais oublié. (*à part*.) Quelle découverte!

HERRMANN.

Ce mariage vous étonne?

BENEDICTE

Il en étonnera bien d'autres!

HERRMANN.

Mais souffrez actuellement que je vous quitte. La solemnité de ce jour et la fête qui se prépare me rappellent au château.

BENEDICTE.

Eh quoi! c'est au moment où Théobard court les plus grands dangers, que son épouse s'occupe de plaisirs, de fêtes!

HERRMANN.

Désabusez-vous. Celle que nous allons célébrer, et que Berthilie elle-même institue en mémoire de l'époque tout-à-la-fois la plus funeste et la plus heureuse de sa vie, porte avec elle un caractère tout particulier : la pensée en est si pure, qu'elle ne pouvait naître que dans une âme comme la sienne.

BENEDICTE.

Que voulez-vous dire?

HERMANN.

Sachez que ce jour-là Berthilie, toujours aussi simple, aussi modeste que bonne, quitte ses riches habits et reprend ceux de sa première condition : d'abord, elle va dans la chapelle faire sa prière accoutumée; ensuite elle sort du château, et arrive entourée des compagnes de son enfance, ici, près de cette même fontaine où elle a vu son époux pour la première fois..... Mais j'apperçois le chevalier Amalabergue qui vient de ce côté : il vous contera tout cela mieux que moi; je vous laisse avec lui.

BENEDICTE.

Au revoir donc, honnête Hermann. (*Hermann sort.*)

SCENE III.

BENEDICTE, AMALABERGUE.

BENEDICTE.

Théobard, époux de Berthilie!.. Hermann vient, sans le savoir, de m'apprendre un secret dont je puis, au besoin, tirer un bien grand avantage. Mais commençons par sonder les sentimens d'Amalabergue à mon égard, et voyons d'abord si, dans la position critique où je me trouve, je puis encore compter sur sa protection.

(*Il va au-devant d'Amalabergue.*)

AMALABERGUE.

C'est toi, Bénédicte?

BENEDICTE.

Oui, seigneur, c'est moi-même qui viens, pour la seconde fois, chercher près de vous un refuge contre mes persécuteurs.

AMALABERGUE.

Avant d'implorer ma protection, commence par te justifier.

BENEDICTE.

Cela ne me sera pas difficile.

AMALABERGUE.

Tu m'expliqueras donc le motif de ta subite disparition, et comment il s'est fait que, depuis six années entières, on n'a plus entendu parler de toi? Je t'avouerai qu'après t'avoir donné dans mon château un asile contre les poursuites de l'abbé de Saint-Maximin, qui te menaçait d'une réclusion perpétuelle; après t'avoir, par mes soins, procuré dans cette contrée, si éloignée du théâtre de de tes prouesses, une retraite impénétrable à tes persécuteurs, je croyais avoir acquis des droits à ta reconnaissance.

BENEDICTE.

Muni de votre lettre de recommandation, j'étais, sous divers déguisemens, parvenu des rives du Rhin jusques dans ces montagnes; je n'eus qu'à me louer de la réception que me fit le chevalier

Théobard. L'ermite Anselme, que j'avais connu autrefois, venait de mourir; je demandai et j'obtins son habitation. J'allais vous faire part de mon bonheur, lorsque Théobard lui-même m'apprit que vous étiez parti pour aller grossir le cortège des chevaliers qui accompagnaient l'Empereur dans son voyage d'Italie. Dix jours après mon arrivée, je regagnais sur le soir mon ermitage, lorsqu'à l'entrée de la forêt, je fus soudain saisi, garotté et jeté sur une voiture qui, escortée de quatre cavaliers bien armés, s'éloigna avec la plus grande rapidité.

AMALABERGUE.

Pourquoi cette violence?

BENEDICTE.

L'abbé de Saint-Maximin, outré du refus que vous lui aviez fait de me remettre entre ses mains, ne m'avait pas un seul instant perdu de vue. Instruit par ses espions de mon départ de votre château, il m'avait fait suivre, et bientôt je me vis replongé dans les souterrains de mon couvent : j'y passai six années entières dans la terreur et les angoisses; ce n'est qu'au coup le plus hardi que peut inspirer le désespoir, que je dois le bonheur d'avoir enfin brisé mes fers!

AMALABERGUE.

Il suffit; je suis satisfait, et tu peux bannir toute crainte : mon propre intérêt devient désormais le garant de ta sûreté, car j'ai besoin de toi pour l'exécution des hardis projets que je médite.

BENEDICTE.

Parlez, seigneur, je brûle de vous servir.

AMALABERGUE.

Ecoute-moi. A mon retour en Allemagne, je me rappelai la promesse que j'avais fait faire par toi à Théobard de venir le voir : j'étais intéressé à tenir ma parole. Nos pères avaient constamment vécu désunis : nous ne nous connaissions pas. Mais Théobard, quoique plus jeune que moi, pouvait mourir sans enfans; alors, ses riches domaines m'appartenaient de droits : ce motif était suffisant pour me rapprocher de lui. J'arrive : quel changement ! Théobard, pendant mon séjour en Italie, était devenu époux et père. Il me présente Berthilie : la voir, l'aimer jusqu'au délire, fut l'affaire d'un instant. Dès-lors la perte de son époux est jurée.

BENEDICTE.

Il est plus à plaindre que vous : apprenez...

AMALABERGUE.

Laisse-moi achever. Les Vandales avaient depuis quelque tems cessé leurs fréquentes incursions dans la Thuringe... déjà même Théobard espérait de contracter avec eux une paix durable. Je m'empresse de faire répandre parmi eux les bruits les plus allarmans... Inutiles efforts !... le ciel lui-même semblait veiller sur les jours de la victime que je veux immoler à ma haine, à mon amour ! Je parvins enfin à déterminer Théobard à exécuter lui-même le projet que jusqu'ici je lui avais supposé près de ses ennemis : il vient de partir pour attaquer les Vandales dans

Berthilie. 2

leurs foyers. Wilibalde, leur chef, est prévenu par moi; il connaît sa marche, ses dispositions : il ne peut cette fois échapper au sort que je lui prépare. Mais au moment de voir tout réussir au gré de mes desirs, apprends l'insulte sanglante que je viens de recevoir, et dont je brûle de me venger. Impatient de jouir de mon triomphe, je me présente chez Berthilie : elle venait de se revêtir des simples habits de villageoise. Qu'elle était belle sous cette modeste parure ! Ce n'est pus l'épouse de Théobard, c'est une jeune personne ravissante de graces et d'innocence que je vois devant moi : ma prudence m'abandonne, ma raison s'égare, le délire de la passion me précipite à ses pieds, et j'ose lui faire l'aveu de ma passion.

BENEDICTE.

Eh bien ?

AMALABERGUE.

A peine m'eut-elle écouté, qu'elle prend son fils dans ses bras, et abaissant sur moi un regard qui exprimait tout à-la-fois le mépris et l'indignation : « Chevalier déloyal, me dit-elle, pour oser me faire un tel outrage, il faut que vous soyez le plus vil des hommes ; je devrais vous en punir : rassurez-vous ; mon mépris fait votre salut : je me tairai ; mais ne reparaissez jamais devant mes yeux, ou tremblez !

BENEDICTE.

Oh ! si quelqu'un doit trembler ici, c'est elle.

AMALABERGUE.

Comment ?

BENEDICTE.

Quelle que soit l'issue de la téméraire entreprise de Théobard, apprenez que sa destinée et celle de son épouse sont actuellement entre mes mains.

AMALABERGUE.

Entre tes mains !

BENEDICTE.

Oui. Sachez qu'Odoard, père de Théobard, avait, peu de tems avant son départ pour la Terre-Sainte, confié à un habitant de ce hameau, nommé Bertram, un enfant, fruit d'un moment de faiblesse. Lié par un serment terrible, cet homme éleva l'enfant dans l'ignorance des auteurs de ses jours, comme s'il eût été le sien ; et cet enfant...

AMALABERGUE.

Achève.

BENEDICTE.

Cet enfant, dont Odoard est le père, est Berthilie.

AMALABERGUE.

Berthilie serait l'épouse de son frère !

BENEDICTE.

Rien n'est plus certain. Je tiens tous ces détails de l'ermite Anselme, chez lequel j'avais cherché dans le tems un refuge contre mes persécuteurs.

AMALABERGUE.

Heureuse découverte ! Viens, suis-moi, et que Berthilie apprenne sur l'heure même…

BENEDICTE.

Arrêtez, qu'allez-vous faire ?

AMALABERGUE.

Je vais porter le coup de la mort dans le cœur de l'ingrate ; lui mettre sous les yeux le tableau épouvantable d'une union que la nature réprouve et que le ciel condamne !

BENEDICTE.

Quelles sont vos preuves ? Nous ignorons si Bertram, ce témoin nécessaire et irrécusable du crime que nous allons faire connaître, a péri dans les flammes, ou s'il a été emmené en esclavage?… Anselme n'est plus : seul je connais ici le secret de la naissance de Berthilie. Mais qu'opposer au témoignage de tous les habitans de ce hameau ? tous sont convaincus que Berthilie est bien effectivement la fille de Bertram…. comment leur prouver le contraire ? Mon récit paraîtra une fable inventée par la plus noire méchanceté. Si, trompant notre juste espoir, Théobard revient triomphant, Berthilie parlera ; dénoncés par votre rival au tribunal suprême des Chevaliers de la Thuringe, vous, comme un infâme suborneur, moi, comme un vil imposteur votre complice, nous serons condamnés, et Berthilie n'en restera pas moins l'heureuse épouse de son frère.

AMALABERGUE, *avec ironie.*

Et quel parti prétends-tu donc tirer de cette découverte que tu trouvais si importante ?

BENEDICTE.

Le voici. Si Théobard succombe, Berthilie, privée de son époux, aura besoin d'un protecteur pour elle et pour son enfant… votre naissance vous donne la tutelle du dernier rejetton des Rabenstein : elle est à vous de droit. Un aveu qui, aujourd'hui encore, était un crime aux yeux d'une épouse fidèle et vertueuse, sera demain un hommage flatteur pour une veuve timide et sans appui : le tems et vos soins feront le reste. Mais déjà les habitans du hameau se rassemblent pour la fête qui doit avoir lieu. Berthilie elle-même ne tardera sans doute point à paraître.

AMALABERGUE.

Il me serait impossible en ce moment de soutenir sa présence… Reste ici, écoute et observe. Après la fête, je ne tarderai pas à venir te rejoindre. (*il sort.*)

SCENE IV.

BENEDICTE, *sur le devant de la scène.*

Quel homme ! Il m'a fait trembler. Il pouvait me perdre. J'ai eu tort : j'aurais dû me taire encore. (*Le cortège commence à descendre du château.*) Mais voici le cortège qui s'avance.

SCENE V.

BENEDICTE, BERTHILIE, OTTO, HERRMANN, ELENIRE,
Villageois et Villageoises.

BENEDICTE, *à Berthilie.*

Souffrez, madame, que je vous présente mes hommages.

BERTHILIE.

Herrmann vient de m'apprendre votre retour. Soyez le bien-venu, saint homme : je regarde votre arrivée en ce jour comme un heureux augure pour moi. (*Elle examine la foule.*) Mes amis, c'est ici que Théobard m'adressa ses premières paroles. J'étais seule dans le monde ; Théobard vit couler mes larmes, il en fut touché : il devint mon protecteur, mon époux, tout ce que j'ai de plus cher ! Vous savez tout cela, mes amis ; mais j'ai tant de plaisir à vous le redire encore ! Hélas ! ce souvenir si plein de charmes ajoute à ma peine !... C'était mon cher Théobard qui, dans ce jour à jamais mémorable, me donnait la main : c'était là, à cette place, qu'il recevait vos hommages, que nous renouvellions le serment d'un amour éternel. Aujourd'hui... j'arrive... seule... sans mon époux.

OTTO.

Tu n'es pas seule, maman ; je suis avec toi.

BERTHILIE.

Cher enfant ! Eh ! que serions-nous tous les deux sans ton père ?

BENEDICTE.

Noble dame, songez au motif qui a mis à votre époux les armes à la main. Il est allé exterminer une nation idolâtre... Vos pleurs offensent le Dieu qui le protège, et qui le ramènera victorieux dans ses foyers.

BERTHILIE.

Mon père fut une des premières victimes de ces hordes féroces. Mes larmes coulent encore à ce souvenir affreux. Mais si Théobard devait à ses fidèles sujets d'exposer ses propres jours pour assurer leur repos, en suis-je moins à plaindre ? mes mortelles sollicitudes en sont-elles moins amères ? (*Elle se prosterne devant la fontaine. Tout le monde l'imite.*) O mon dieu ! c'est pour la gloire de ton nom qu'il est allé combattre des barbares qui méconnaissent ton culte ! rends-moi mon époux, rends-moi le père de mon enfant !..

SCENE VI.

Les Précédens, EMMA.

(Pendant ce dernier couplet, Emma paraît ; elle est vêtue d'une robe grise retenue par une ceinture noire ; ses cheveux sont épars.)

EMMA.

Le ciel n'écoute plus les prières des hommes.

(*Mouvement général.*)

BERTHILIE, *se relevant avec précipitation.*

Qu'ai-je entendu ? Quelle est cette femme ?

HERRMANN.

Une infortunée que j'ai recueillie ce matin, au moment où elle allait se précipiter dans le torrent.

(*Emma parcourt la scène. Tout le monde recule à son approche.*)

BERTHILIE, *allant au-devant d'elle.*

Que cherchez-vous ?

EMMA, *s'arrête et regarde Berthilie avec attention.*

Je cherche... Hélas ! personne ne saurait plus me rendre ce que je cherche... et cependant je cherche toujours... Je suis bien malheureuse !

BERTHILIE.

Dites-moi qui vous êtes ?

EMMA.

Je ne suis plus...

BERTHILIE.

Quel affreux égarement !

EMMA.

Cela t'étonne ! Apprends que depuis de longues années je ne suis plus de ce monde... le barbare m'a fait jeter vivante dans un tombeau... Dieu a permis que j'en sortisse pour chercher... (*Elle aperçoit Bénédicte, prend Berthilie et l'entraîne du côté opposé.*) Parlons bas, cet homme est un traître.

BERTHILIE.

Ne craignez rien, vous n'êtes ici entourée que de braves gens, incables de vous faire du mal.

EMMA.

Oh ! toi, tu es belle, tu es bonne ! Garde-moi toujours près de toi ; je m'y trouve si bien !

BERTHILIE.

Je vous le promets.

EMMA.

J'aurais bien des choses à te raconter ; mais ma tête... Je croyais cependant pouvoir me rappeler... C'est quelquefois comme un nuage obscur... qui m'enveloppe... alors, je ne sais plus rien... je ne souffre plus... le nuage passe... mes souffrances reviennent.

BERTHILIE.

Chaque mot qu'elle prononce retentit jusqu'au fond de mon cœur ! il n'est pas jusqu'au son de sa voix qui ne me cause une émotion...

EMMA.

Ecoute... j'étais jeune... j'étais aimée !... qu'il est doux d'être aimée !... j'étais si heureuse !.. mais cele ne dure pas, le bonheur !.. j'étais... (*à voix basse.*) j'étais mère !.. Le barbare a tué ce pauvre Maurice, il m'a enlevé mon enfant... c'est depuis cet instant que ce nuage passe et repasse sans cesse... et que je suis morte... sans pouvoir mourir.

BERTHILIE.

L'infortunée !

####### EMMA.

Tu m'as compris, je vois tes larmes!.. écoute encore, je voudrais bien pouvoir te dire tout... Il viendra me chercher...
(*Elle s'attache à Berthilie.*) Tiens moi... ne souffre pas qu'il me reconduise dans mon tombeau!

####### BERTHILIE.

Et! quel est l'homme assez féroce?

####### EMMA.

Silence! il pourrait t'entendre!.. C'est un chevalier de noble race... je n'ose le maudire; car sa mère fut aussi la mienne, et c'est là mon plus grand malheur!.. Viens, viens... quittons ces lieux... Tous ces gens-là me font peur!

####### BERTHILIE.

Herrmann, vous allez nous aider à la conduire au château.

####### EMMA, *avec effroi.*

Non, non... c'est aussi dans un château que le barbare habite.
(*Elle s'éloigne.*)

####### BERTHILIE.

Ne craignez rien; les infortunés ont toujours trouvé un asyle au château de Rabenstein.

####### EMMA.

Rabenstein... ah!..
(*Elle fuit et gravit les rochers avec précipitation.*)

####### BERTHILIE.

Qu'on la suive! (*Hermann et quelques villageois exécutent cet ordre.*) Arrêtez! arrêtez! (*Emma se jette dans le torrent.*) Grands Dieux! sauvez-la!
(*Mouvement général. Un paysan se jette par dessus le pont; on détache une nacelle; bientôt on voit Emma tirée de l'eau et portée sur la rive.*)

####### LES PAYSANS.

La voilà! la voilà!

####### BERTHILIE.

L'infortunée! elle n'est plus!

####### BÉNÉDICTE.

Voyez, elle respire encore!

####### BERTHILIE, *à Hermann.*

Faites-la porter dans votre habitation, prodiguez-lui tous les secours nécessaires; on la conduira au château aussitôt qu'il sera possible de la transporter. (*Elle prend Otto par la main.*) Viens, mon fils. (*sons de cor.*)

SCENE VII.

BERTHILIE, BENEDICTE, OTTO, Suite.

(*On entend les sons du cor dans le lointain.*)

####### BERTHILIE, *s'arrêtant.*

Que veut dire ceci?

####### BÉNÉDICTE.

Ces sons paraissent venir de la tour d'observation.

SCENE VIII.

Les Précédens, HERMANN, Villageois.

HERMANN, *courant sur le pont.*

Serions-nous menacés de quelques nouveaux dangers?

BERTHILIE.

Et Théobard est absent! (*Une musique guerrière se fait entendre.*)

HERMANN, *sur le pont.*

Je n'en puis plus douter, ce sont nos guerriers! Tréobard est à leur tête...

BERTHILIE.

Mon époux!... Viens, mon fils... Volons à sa rencontre.
(*Tout le monde suit Berthilie.*)

SCENE IX.

BENEDICTE, puis AMALABERGUE.

AMALABERGUE, *entrant avec précipitation.*

Qu'ai-je entendu? Théobard serait-il de retour?

BENEDICTE.

Oui, seigneur; Théobard, vainqueur de ses ennemis, arrive en ce moment à la tête de ses guerriers... De grace, modérez-vous : c'est ici qu'il faut faire preuve de prudence et de sang-froid... Les voici.

SCENE X

Les Précédens, THEOBARD, OTTO, BERTHILIE, HERMANN, ELENIRE, Soldats, Villageois.

BERTHILIE.

Je te revois donc enfin! c'est toi que je serre dans mes bras!

THEOBARD.

Oui, ma chère Berthilie, le ciel a permis que cette périlleuse entreprise réussit au-delà de toutes mes espérances.

AMALABERGUE.

Mon cher Théobard, tu as vaincu sans moi, c'est le seul regret qui se mêle au plaisir que j'éprouve en te revoyant.

BERTHILIE, *à part.*

Vil hypocrite?

THEOBARD.

Tu protégeas, pendant mon absence, mon épouse et mon fils; l'amitié a fait son devoir : je suis satisfait, tu dois l'être.

BERTHILIE.

Tu ne nous quitteras plus!

THEOBARD.

J'espère au moins que de long-tems la Thuringe ne sera troublée par le bruit des armes. Je n'ai plus d'ennemis à combattre.

BÉNÉDICTE.

Cette race idolâtre est donc entièrement détruite, et leurs habitations en cendres attestent les terribles jugemens d'un Dieu vengeur !

THEOBARD.

Non, mon père, non, le sang n'a pas coulé.

BERTHILIE.

Ah ! mon ami, quel bonheur ! Mais raconte-nous donc...

THEOBARD.

Nous venions de nous engager dans les derniers défilés qui séparent la Thuringe de la plaine où s'étendent au loin les habitations des Vandales. Tout-à-coup un cri de guerre retentit au-dessus de nos têtes ; je lève les yeux : les hauteurs étaient hérissées de lances ennemies ; nous étions cernés de toutes parts.

BERTHILIE.

Grand dieu !

THEOBARD.

La retraite devenait impossible. Déjà je voyais l'ennemi n'attendre que le signal de son chef pour faire rouler sur nous ces masses de rochers suspendus sur nos têtes ; déjà j'allais donner l'ordre d'escalader les hauteurs, pour mourir les armes à la main, lorsque j'apperçus un guerrier d'une stature imposante qui se détachait de la foule et descendait la montagne : une faible escorte le suivait à quelque distance. Je marche sans hésiter à sa rencontre. C'était Vilibalde lui-même, ce chef redouté des Vandales. « Théobard, me dit-il, en m'abordant, tu es en mon pouvoir, et aucun des tiens ne saurait m'échapper ; mais je dois cet avantage à une infâme trahison, et tout Vandale que je suis, je ne veux pas en profiter. Je t'offre la paix. Plutôt la mort, m'écriai-je, qu'une paix déshonorante ! — Je ne propose rien à un guerrier que j'estime, qui puisse le déshonorer. Mais, je t'en préviens, tu as des traîtres parmi ceux que tu nommes tes amis. (*Serrant la main d'Amalabergue.*) Tu conçois quel fut mon étonnement !

AMALABERGUE.

En effet. Et a-t il nommé ces traîtres ?

THEOBARD.

Non, il ne les connaît point encore.

AMALABERGUE, *à part*.

Je respire !

THEOBARD.

Une explication franche et loyale dissipa en un instant tous ces mal-entendus. Convaincus que des ennemis secrets nous avaient attribué des projets que nous n'avions ni l'un ni l'autre, nous nous jurâmes, sur l'honneur, alliance et amitié à toute épreuve.

HERRMANN.

Et la Thuringe est sauvée.

BÉNÉDICTE.

Eh quoi ! c'est le fils du vertueux Odoard, mort aux pieds de la ville sainte, qui n'a pas craint de cimenter de son amitié cette honteuse alliance avec le chef d'une nation idolâtre,

####### THEOBARD.

Je ne connais de honteux que le crime et la perfidie. Vilibalde est un grand homme. D'un ennemi loyal j'ai fait un ami précieux, et cette conquête, je la mets au nombre de mes plus hauts faits d'armes. La tranquilité de mes états, le repos de mes sujets est assuré. Déjà, à ma demande, l'ordre est donné par Vilibalde lui-même de rassembler tous les esclaves chrétiens épars dans les hameaux, et de me les ramener. O ma Berthilie! tu reverras, j'espère, ce respectable vieillard qui t'a donné la vie, et dont chaque jour tu déplores la perte.

####### BERTHILIE.

Et comment pourrais-je me flatter, hélas! de le revoir encore? aura-t-il pu survivre à six années d'esclavage et de misère?

####### THEOBARD.

Est-il besoin de te dire que mon premier soin fut de nommer Bertram, le père de ma chère Berthilie?

####### BERTHILIE.

Oh! rien ne manquerait plus alors à ma félicité!

####### AMALABERGUE.

Personne ne desire son retour plus sincèrement que moi.

####### THEOBARD.

Mes amis, je lis dans vos yeux votre juste impatience, et je vous en remercie. Que la fête accoutumée commence donc sans plus tarder, cette fête si chère à mon cœur!

####### HERRMANN.

Oui, commençons, et vive la joie.

####### BALLET.

(Il est interrompu par un bruit sourd qui augmente sensiblement.)

####### HERRMANN.

Une troupe de guerriers étrangers s'avance de ce côté.

####### AMALABERGUE.

Ce sont des Vandales. Aux armes! aux armes!

####### THEOBARD.

Bas les armes!... ce sont nos amis.

SCENE XI.

Les Précédens, BERTRAM, un guerrier Vandale, Esclaves Chrétiens, Vandales.

Les esclaves entrent en scène. Berthilie vole à leur rencontre, apperçoit Bertram, et se jette dans ses bras.

####### BERTHILIE.

Mon père!

####### BERTRAM.

Berthilie!

####### AMALABGUE, *à part.*

Je triomphe!

####### BERTHILIE.

N'est-ce point un songe! Est-ce bien vous que j'embrasse?

BERTRAM.

Cher enfant! le ciel a donc exaucé ma plus ardente prière?

LE GUERRIER VANDALE, *à Théobard.*

Noble chevalier! Wilibalde, notre chef et ton ami, fidèle à sa parole, t'envoye tous les esclaves chrétiens qui étaient en sa puissance.

THEOBARD, *au Vandale.*

Vas dire à ton chef ce que tu vois; dis-lui que tous mes sujets bénissent en cet instant son nom, que je suis fier d'être son ami... je ne saurais offrir à son grand cœur une récompense plus digne de lui, que les bénédictions de tout un peuple!

SCENE XII.

Les Précédens, excepté les Vandales.

BERTHILIE, *presentant Otto à son père.*

Mon père, embrassez aussi mon fils!

BERTRAM.

Ton fils! (*Il l'embrasse.*) Mais ma chère Berthilie, où donc est ton époux?

THEOBARD.

C'est moi!

BERTRAM.

Vous!... non, non, cela n'est pas possible!

THEOBARD.

Ta fille est mon épouse, et voilà notre enfant.

BERTRAM.

O terre, engloutis-moi!

BERTHILIE.

Mon père, que dites-vous?

BERTRAM.

Le jour de cette affreuse union, le ciel, par quelque signe effrayant, n'a pas manifesté sa colère! La foudre n'a pas éclaté sur vos têtes!

BENEDICTE, *à part à Amalabergue.*

L'entendez-vous?

BERTHILIE.

Grand Dieu! mon père, revenez à vous!

BERTRAM.

Vous n'avez pas frémi en prononçant le serment épouvantable!.. Le saint autel n'a pas tremblé!

BERTHILIE.

Quel langage!

THEOBARD.

Reprenez vos esprits.

BERTRAM.

Au nom du ciel, laissez-moi. (*il veut fuir*)

BENEDICTE, *l'arrêtant.*

Restez.

BERTRAM.

Qui es-tu ? Que me veux-tu ? Je ne te connais pas.

BENEDICTE.

Je suis un serviteur de Dieu. Cette terreur, ces angoises trahissent une âme agitée par quelque chose d'extraordinaire ; ayez recours à mon saint ministère, Bertram, et quels que soient les aveux que vous ayez à me faire, songez que si le ciel punit le crime, il sait aussi pardonner au repentir.

BERTRAM.

Je ne sais rien... je ne veux rien savoir... je ne veux que mourir.

BENEDICTE.

Pourquoi cette horreur soudaine, en apprenant le nom de l'époux de votre fille ?... si par quelques motifs secrets, impénétrables.. Ces nœuds sacrés étaient en effet réprouvés par le ciel...

BERTRAM,

Non, le ciel n'a pas parlé.. Je dois me taire. (*à Berthilie.*) fuis !.. fuis, malheureuse ! (*Il perd connaissance et tombe.*)

BERTHILIE.

O ciel ! il se meurt !

(*Tout le monde se groupe. La toile tombe sur ce tableau*)

Fin du premier acte.

ACTE II.

Le Théâtre représente une salle gothique du château de Rabenstein ; les murs sont décorés de faisceaux d'armes et de plusieurs portraits de famille ; deux portes latérales, une autre dans le fond.

SCENE PREMIERE.

EMMA, ELENIRE.

EMMA, *arrivant par la porte latérale et regardant autour d'elle avec effroi.*

Je me reconnais, rien n'a été changé... Voici encore le fauteuil où mon père était assis... c'est là qu'il nous adressa ses dernières paroles, qu'il nous donna sa bénédiction, à mon frère, Odoard et à moi... frère barbare ! malheureuse Emma ! (*Elle se couvre le visage de ses deux mains.*) Qu'ai-je dit ?... si l'on m'avait entendue ? (*Elle contemple les portraits.*) Comme leurs regards sont menaçans !... rassurez-vous, chevaliers, vous n'entendrez plus prononcer ce nom d'Emma... l'épouse du pauvre Maurice a, depuis long-tems, cessé de vous appartenir.

ELENIRE, *arrivant du même côté.*

Allons, la voilà qui m'est encore échappé.

EMMA, *en regardant un portrait apparent et de grandeur naturelle, s'écrie :*

Odoard !

ELENIRE.

Oui, c'est le portrait du chevalier Odoard, le père de notre jeune maître... L'auriez-vous connu ?

EMMA.

Odoard ?

ELENIRE.

Il y a bien des années qu'il est parti pour la terre sainte.

EMMA.

Oh ! oui, bien des années !

ELENIRE.

On l'attendait toujours, lorsqu'un chevalier qui revenait de Jérusalem, apporta à son fils la nouvelle de sa mort.

EMMA.

Oui, Odoard avait un fils... il me semble que... je le vois encore ?

ELENIRE.

Que dit-elle donc ?

EMMA.

Sais-tu ce qu'il est devenu ?

ELENIRE.

Il est l'époux de cette bonne et chère dame que vous aimez tant.

EMMA.

O oui, je l'aime !.. viens, nous allons la chercher... il faut que je lui parle ; actuellement que je m'en souviens, je veux lui apprendre bien vite tout ce que j'ai encore à lui dire... mais, non... elle seule doit savoir pourquoi le ciel m'a punie... Tu me trahirais, toi... reste, j'y vais seule.

ELENIRE, *l'arrêtant.*

Vous allez vous égarer... Dame Berthilie habite l'autre aîle du château.

EMMA.

Je sais... il faut traverser ce grand corridor, puis l'on descend, on tourne à gauche.

ELENIRE.

C'est singulier !.. elle a raison.

EMMA.

On passe ensuite devant la chapelle.

ELENIRE.

C'est juste.

EMMA.

Mais je n'y passerai pas devant la chapelle... Dis-moi, les traces du sang du pauvre Maurice, y sont-elles encore ?

ELENIRE.

Je ne vous comprends pas.

EMMA, *fixant le portrait d'Odoard.*

Barbare ! que t'avait fait Maurice ? n'était-il pas l'époux de ta sœur ?

ELENIRE.

De sa sœur !

EMMA.

Ah ! je le verrai donc toujours renversé à tes pieds !.. cette large blessure... et cette lampe qui éclairait son dernier regard fixé sur moi !..

ELENIRE.

Fixé sur elle !

EMMA.

Ecoute...lorsque l'horloge aura sonné minuit, tu m'avertiras... c'est l'heure où Maurice cessa de vivre... Nous irons ensemble... je te montrerai la place... c'est là que je veux mourir aussi !..
(Elle tombe dans un fauteuil.)

ELENIRE.

Ah ! mon Dieu ! son délire la reprend... et je suis seule... personne n'arrive! (*Elle ouvre la porte du fond.*)

EMMA, *se levant, son regard est immobile.*

Oui ! à minuit !..
(Elle regagne lentement la porte latérale, et sort.)

ELENIRE *court à la porte et tourne la clef.*

Je la tiens !.. Hermann a beau dire, cette femme est peut-être plus intéressante pour nous, que nous ne le croyons ; son effroi à la vue du portrait d'Odoard !.. certains mots qui lui sont échappés... Je veux profiter du premier instant favorable, pour la faire expliquer plus clairement... On vient, c'est Hermann.

SCENE II.

ELENIRE, HERMANN.

ELENIRE

Tu as revu Bertram ? a-t-il entièrement repris ses esprits ? s'est-il enfin expliqué ?

HERMANN

Il est beaucoup mieux ; mais il s'obstine toujours à garder le silence.

ELENIRE

Cela est bien extraordinaire.

HERMANN.

Pas du tout ; on a deviné ce qui le tourmente.

ELENIRE

Et bien ?

HERMANN.

C'est ce mariage...

ELENIRE.

Comment, ce mariage ?

HERMANN.

Eh! oui. Il ne voit dans une union aussi disproportionnée, que désordre et calamités ; il croit sa fille perdue, son maître déshonnoré. Dans son désespoir, il lui est échappé des paroles dont il se repent sans doute actuellement ; car, dès qu'il est revenu à lui, son premier soin a été de s'informer de ce qu'il avait dit ; ensuite il a demandé à rester seul, il s'est mis en prière, et puis, quand on est rentré, il avait le fils de Théobard sur ses genoux. Je te conserverai cet enfant, a-t-il dit à sa fille, en dépit du ciel et des hommes.

ÉLÉNIRE

Qu'a-t-il voulu dire par là ?

HERRMANN.

Ne vois-tu pas que c'est toujours une suite de son idée sur ce mariage, qu'il regarde comme le plus grand des malheurs. Mais je m'arrête ici et j'oublie l'importante commission dont notre maître vient de me charger.

ÉLÉNIRE

De quelle commission veux-tu parler?

HERRMANN

C'est au sujet de cette infortunée que j'ai sauvée ce matin : je voudrais presque, actuellement, ne l'avoir pas rencontrée.

ÉLÉNIRE

Comment cela?

HERRMANN

Ne voilà-t-il pas que le chevalier Banneret du couvent de Ste-Ursule, vient la reclamer, comme transfuge de son cloître?

ÉLÉNIRE

Quand je te le disais !

HERRMANN

Théobard ne veut pas la lui livrer.

ÉLÉNIRE

C'est bien... Mais quelle raison donne-t-il de son refus?

HERRMANN

D'abord, le chevalier Banneret est arrivé avec une suite nombreuse, et contre l'usage il s'est permis de pénétrer dans le château, sans en avoir, au préalable, demandé l'entrée, ce qui déjà avait déplu à Théobard. Ensuite, il a été forcé d'avouer que celle qu'il reclamait n'était point une religieuse, mais une personne confiée, il y a déjà un grand nombre d'années, à la défunte abbesse.

ÉLÉNIRE

A la défunte abbesse!... Comment, cette méchante femme de laquelle on disait par-tout tant de mal?

HERRMANN

A été trouvée morte dans sa cellule.

ÉLÉNIRE

Juste punition du ciel !

HERRMANN

L'infortunée avait profité du trouble et de la consternation causée par cet événement pour s'évader.

ÉLÉNIRE

Elle en avait le droit.

HERRMANN

Le Bannerait n'insistait pas moins pour qu'elle lui fût remise; et sur le refus réitéré de Théobard, il osa le menacer... Alors la colère de notre jeune maître éclata... Chevalier Volfram, lui dit-il, j'entrevois ici un mystère que l'humanité m'ordonne de pénétrer. Cette infortunée restera sous ma protection, jusqu'à ce que vous m'ayez prouvé qu'elle en est indigne.

ÉLÉNIRE

C'était bien parler cela... et qu'a répondu le chevalier Volfram?

HERRMANN

Il s'est retiré en jetant fièrement son gant, que Théobard a aussitôt ramassé.

ÉLÉNIRE

Ah! mon dieu! Mais sais-tu que ce chevalier Volfram est puissant, et que les vassaux du couvent de Ste-Ursule, dont il porte la bannière, sont très-nombreux?

HERRMANN

Aussi vais-je, de la part de notre maître, donner l'ordre à tous ses hommes d'armes de se tenir prêts à marcher.

ÉLÉNIRE

Que de malheurs à-la-fois?

HERRMANN

Va retrouver cette infortunée, cause involontaire de tout ce trouble; mais ne t'avise pas de lui parler de ce qui vient de se passer.

ÉLÉNIRE

Je m'en garderai bien. (*Elle ouvre la porte, entre et referme en dedans.*)

HERMRANN

J'aperçois Amalabergue: l'Ermite l'accompagne... Non, non, ce n'est pas là notre bon père Anselme. (*Il sort.*)

SCENE III.

AMALABERGUE, BENEDICTE.

AMALABERGUE

Je te le répète, nous avons laissé échapper le moment de faire parler Bertram. Qui nous répond actuellement que son attachement pour ses maîtres n'étouffe point en lui le cri de sa conscience? nous possédons son secret; mais si lui-même ne le divulgue, il nous devient inutile : fatale situation!

BENEDICTE

Elle est d'autant plus critique, que je ne puis vous cacher qu'un nouveau danger paraît nous menacer.

AMALABERGUE

Un nouveau danger!

BÉNÉDICTE

Oui, seigneur : les aveux échappés au chevalier Volfram, avaient fait naître en moi certains soupçons ; je l'ai suivi, et, sous le prétexte de chercher à ménager un accommodement, j'ai mis tout en usage pour tirer de lui quelques renseignemens sur cette femme qu'il reclamait si impérieusement.

AMALABERGUE.

Eh ! que nous importe.

BÉNÉDICTE

Que nous importe, dites-vous ? Et si l'infortunée était en effet cette même Emma que son frère Odoard, à ce que l'on prétendit dans le tems, avait conduit secretement et fait renfermer dans ce couvent ?

AMALABERGUE

Eh ! bien ?

BÉNÉDICTE

Si c'était elle !... envain je ferais parler Bertram... envain j'aurais porté le coup de la mort à Théobard et son épouse ! envain l'enfant de l'inceste serait déclaré inhabile à succéder, Emma serait là pour réclamer l'héritage de ses ancêtres et vous en frustrer à jamais.

AMALABERGUE

Que dis-tu ?

BÉNÉDICTE

La vérité.

AMALABERGUE

Et Volfram a confirmé tes soupçons ?

BÉNÉDICTE

Toutes mes tentatives ont été inutiles ; il m'a écouté en silence, son regard sombre et méfiant semblait chercher à lire sur mon visage mes plus secrètes pensées, et lorsque je cessai de parler, il me quitta, sans même daigner me répondre.

AMALABERGUE

Je le connais ce Volfram, et sa farouche vertu... l'abbesse elle-même le redoutait... mais quel parti prendre ?

BÉNÉDICTE

Il n'en est qu'un et je vais l'employer. Ce soir, au lieu de regagner mon ermitage, je me rendrai au couvent et je demanderai à parler à la nouvelle abbesse.

AMALABERGUE

Tu la connais ?

BÉNÉDICTE

Non, mais son intérêt est le nôtre : voilà le plus sûr garant de réussir près d'elle... Je lui révèlerai le secret de Bertram, et lui proposerai, de votre part, le partage des domaines de Rabenstein, si elle consent à faire disparaître, pour jamais, le seul obstacle que nous ayons à redouter.

AMALABERGUE

Et si cette femme n'était point Emma ?

BÉNÉDICTE.

Tout me fait présumer que c'est elle : mais d'ailleurs l'incertitude est déjà pour nous si dangereuse, qu'aucun sacrifice ne doit vous paraître trop grand.

AMALABERGUE

Tu t'abuses..., si c'était Emma, elle se serait fait reconnaître.

BÉNÉDICTE

La terreur dont elle est frappée, lui ferme encore la bouche... une fois rassurée, elle parlera, et c'est ce qu'il faut prévenir.

AMALABERGUE

Et comment ?

BÉNÉDICTE

L'enlever cette nuit même du château, et la conduire au couvent.

AMALABERGUE

Cette entreprise...

BÉNÉDICTE

Est facile... mais chut... on vient... c'est Bertram, la fortune ne pouvait nous offrir une occasion plus favorable... retirez-vous, seigneur, et laissez-moi agir.

AMALABERGUE

Je te laisse.... ne tarde pas à venir m'apprendre le succès de ta démarche, et les moyens que tu veux mettre en usage pour l'enlèvement projetté. (*il sort.*)

SCENE IV.

BENEDITCE, BERTRAM, OTTO.

Bénédicte, en évitant Bertram, qui s'avance sur la scène entraîné par Otto, a reconduit Amalabergue jusques a la porte, où il reste en observation.

OTTO.

Mais regarde donc tous ces superbes chevaliers. Je sais leur histoire, maman me l'a racontée... celui-ci est Georges de Rabenstein, il y a trois cents ans qu'il a construit ce château : c'était un grand guerrier ! l'empereur Couras premier l'arma, lui même, chevalier l'année 912. Il mourut en brave, dans une bataille gagnée sur les hongrois.... mais tu ne m'écoutes pas.

BERTRAM, *à lui-même.*

Me taire... emporter avec moi dans la tombe ce secret épouvantable !.. non, il faut parler.

OTTO

Raconte-moi, actuellement aussi, quelques histoires de tes Vendales... comme il me regarde.

BERTRAM

Vieillard faible et pusillanime ! quels sont tes sinistres projets ?..

OTTO.

Il me fait peur ! Allons chercher maman. (*Il s'enfuit.*)

Berthilie. 4

SCENE V.
BERTRAM, BENEDICTE.

BERTRAM.

Qui t'impose l'affreux devoir de porter le désespoir et la mort dans le sein de ces deux êtres innocens et vertueux? Le crime! Il n'en existe point. Théobard ignore que c'est sa sœur qu'il nomme son épouse, il doit à jamais l'ignorer. Il ne sera pas coupable... Oui, lui; mais moi... Grand dieu! (*il se couvre le visage.*) Non, non, Dieu est juste, il est bon, et puisque sa foudre repose, est-ce à toi à la provoquer sur deux têtes aussi chères?... Tes remords ne sont que des fantômes de ton imagination, la cri de ta conscience des préjugés de ton enfance. Mais que dis-je? Si cette voix intérieure qui me parle était la voix de Dieu même? s'il m'avait choisi pour révéler le crime?... Eh! qui, en effet, pourrait faire connaître cet affreux secret, si ce n'est moi, oui, moi seul? O mon dieu! si telle était ta volonté, daigne me la faire connaître par quelque signe visible! Coupable si je parle, plus coupable peut-être encore si je me tais... j'implore ta lumière! que faire? que résoudre?

BENEDICTE, *à part.*

Approchons. (*haut.*) Que le ciel vous assiste, vieillard respectable!

BERTRAM.

Ah!

BENEDICTE.

Depuis le facheux accident qui troubla d'une manière si extraordinaire la joie de votre retour, je ne vous avais pas revu: je suis charmé de vous retrouver plus calme.

BERTRAM, *à part.*

Cachons mon trouble.

BENEDICTE.

N'a-t-on pas voulu nous persuader que cet état violent qui nous a fait même un instant craindre pour votre existence, avait été causé par la nouvelle inattendue de l'union de votre fille avec Théobard? Mais je n'en crois rien.

BERTRAM.

Vous avez raison.

BENEDICTE.

En faisant naître Berthilie dans un état obscur, le sort avait commis une erreur qu'il s'est empressé de réparer; et s'il ne réserve pas toujours ses faveurs à ceux qui les méritent le mieux...

BERTRAM.

Ah! oui, souvent la vertu est bien malheureuse!

BENEDICTE.

Elle ne le serait pas, si tout le monde se liguait pour punir l'homme coupable.

BERTRAM.

Tous les coupables ne méritent pas d'être punis!

BENEDICTE.

Que dites-vous, Bertram ?

BERTRAM.

Qu'il est quelquefois des criminels bien plus dignes de notre pitié que de notre colère.

BENEDICTE.

De la pitié pour le crime ! quel blasphême ! Ah ! Bertram, je ne le vois que trop, votre long séjour parmi les infidèles a éteint en vous la foi de vos pères !

BERTRAM.

Vous êtes un homme de Dieu, et l'habit que vous portez doit me faire croire que, versé dans les sciences, vous serez plus à même qu'un homme simple et ignorant comme moi, de résoudre une question difficile. J'ai, je vous l'avouerai, conçu certains doutes qui m'allarment : vous allez fixer mon opinion.... mais soyez discret.

BENEDICTE.

Je crois mériter votre confiance.

BERTRAM.

Ecoutez-moi. Les Vandales sont, vous le savez, des idolâtres.

BENEDICTE.

Une race maudite.

BERTRAM.

Je ne maudis personne.

BENEDICTE.

Dieu vous l'ordonne.

BERTRAM.

Mon cœur me le défend. Mais laissez-moi vous raconter un fait dont j'ai moi-même été parmi eux le témoin oculaire. Un vandale rencontre dans le désert une jeune fille égarée, qui se mourait de fatigue et de besoin ; il prend pitié de sa douleur, la conduit dans sa cabane, et bientôt après il l'épouse... C'était un couple charmant ! tout le monde prenait part au bonheur dont il jouissait, lorsque tout-à-coup, par un de ces hasards singuliers trop long à vous détailler, un vieillard découvrit, ce que ces deux jeunes époux ignoraient eux-mêmes, qu'ils étaient frère et sœur.

BENEDICTE.

Frère et sœur ! grand dieu !

BERTRAM.

Hélas ! oui.

BENEDICTE.

Et que fit le vieillard, après cette affreuse découverte ?

BERTRAM, (*hésitant*)

Ce qu'il fit ?...Il vint me consulter.

BENEDICTE.

Vous, Bertram ?... oh ! je devine sans peine le conseil que vous lui donnâtes.

BERTRAM.

Vous le devinez !

BENEDICTE.

Adorateur du vrai Dieu, vous aurez fait connaître à cet infidéle toute l'énormité de ce crime..hâte-toi, lui aurez-vous dit, de rompre une union que le ciel réprouve, et qui doit être un objet d'horreur à toute la race humaine... instrument de la colère céleste, obéis à sa volonté, ou tremble d'être toi-même confondu avec les coupables qu'elle t'ordonne d'énoncer.

BERTRAM, *avec vivacité.*

Des coupables... mais il n'y en avait pas... des époux infortunés, cités dans toute la Thuringe...

BENEDICTE.

Dans la Thuringe !

BERTRAM.

Dans leur tribu, voulais-je dire, comme le plus parfait modèle de toutes les vertus, vivaient dans l'ignorance absolue des liens étroits qui déjà les unissaient avant d'avoir formé ces déplorables nœuds.

BENEDICTE.

Eh bien, que fit le vieillard ?

BERTRAM.

Le vieillard... il garda le silence.

BENEDICTE.

Ah ! c'est trop long-tems dissimuler, Bertram, songez au père Anselme !

BERTRAM.

Anselme !... que voulez-vous dire ?

BENEDICTE.

Rappelez-vous ce jour où croyant votre fin prochaine...

BERTRAM.

Grand Dieu !... vous sauriez...

BENEDICTE.

Je ne sais rien... je ne puis rien savoir que ce que vous-même allez m'apprendre.

BERTRAM,

Moi !... ah !...

BENEDICTE.

Bertram, songez à votre heure dernière... voulez-vous, par un attachement aveugle, par une trop coupable faiblesse, perdre le fruit d'une vie entière sans tache ? Voyez les portes de l'éternité s'ouvrir devant vous !... le juge suprême prononcer l'arrêt irrévocable !... (*Bertram est dans la plus profonde agitation.*) parlez ! il en est tems encore... un mot, et le cri de votre conscience va s'appaiser.

BERTRAM

Ma conscience !... elle m'ordonne de respecter la vertu malheureuse, de la plaindre, et de ne pas l'assassiner.

BEEEDITCTE

Eh bien ? puisque rien ne peut vous déterminer à remplir un devoir que le ciel vous prescrit, ce sera donc à moi à vous sauver, malgré vous-même, de l'abyme entrouvert sous vos pas.

BERTRAM
Barbare! que prétendez-vous faire?
BENEDICTE
Prononcer l'anathême sur un couple incestueux...
BERTRAM
L'anathême!... grand dieu!
BENEDICTE
Et faire connaître à toute la Thuringe...
BERTRAM
Arrête... arrête, te dis-je!
BENEDICTE
Eh bien?

BERTRAM, *le ramenant*
Eh bien, va, va, parles actuellement, je ne te crains plus!... oui, le parti en est pris!... Je déclarerai, moi, en présence de tous les chevaliers rassemblés, que tu es un imposteur.
BENEDICTE
Malheureux!
BERTRAM
Laisse-moi, laisse-moi!... je ne veux plus t'entendre.
BENEDICTE, *à part.*
Eloignons-nous; et quel que soit le danger auquel je m'expose, allons concerter avec Amalabergue le dernier moyen de lui arracher son secret. (*Il sort.*)

SCENE VI.

BERTRAM, puis BERTHILIE.

BERTRAM
Que ne m'est-il possible de séparer sans efforts ces époux trop malheureux, de les éloigner pour jamais l'un de l'autre!... Oui, exécutons ce projet!... c'est le ciel lui-même qui me l'inspire!... O mon dieu! toi qui connais la pureté de mes intentions, pardonnes-moi le mensonge dont je vais me rendre coupable!
BERTHILIE, *arrivant.*
Mon père! que signifie ce trouble, cette agitation? l'Ermite vous quitte à l'instant... je l'ai vu s'éloigner à pas précipités.
BERTRAM
Le scélérat!... je saurai le confondre!
BERTHILIE
Un scélérat!... lui!... N'était-il pas l'ami de ce bon père Anselme, que nous regrettons encore tous les jours?
BERTRAM.
Anselme!... ah! plut au ciel qu'il vécut encore! il eut empêché cette union fatale!
BERTHILIE
Mon père, j'ai conçu votre chagrin en voyant votre fille unie au dernier rejeton de nos souverains. Un sang aussi illustre ne devait sans doute pas s'allier à celui de l'un de ses plus obscurs

vassaux! et je me reprocherais cette faiblesse, si elle n'avait fait le bonheur de mon cher Théobard!

BERTRAM

Son bonheur, grand dieu!

BERTHILIE.

Mais, puisque le ciel lui-même a béni notre union, en faisant naître de moi un héritier du nom de Rabenstein, pourquoi, étouffant des regrets inutiles, ne pas être vous-même heureux du bonheur de vos enfans?

BERTRAM

Que ne puis-je acheter sur l'heure même, de tout mon sang, cette félicité dont tu te flattes!

BERTHILIE

Regardez autour de vous, mon père; tout ici respire la joie, le contentement: je suis l'épouse la plus fortunée, la plus heureuse des mères! Théobard vient de consolider pour toujours la paix, la prospérité de la Thuringe. Dites, que pourriez-vous desirer voir ajouter encore à cette félicité, dont vous semblez douter?

BERTRAM

Le repos de ma conscience!

BERTHILIE

Que dites-vous?

BERTRAM, *à part.*

O mon dieu! seconde mon projet!

BERTHILIE

Ah! parlez, mon père, de grâce, expliquez-vous?

BERTRAM

Apprends donc que, pendant les jours de ma longue captivité, lorsque l'espoir de voir se briser mes fers, s'éloignait insensiblement dans mon ame, je fis serment à Dieu de consacrer ma fille au culte de ses autels, si jamais je revoyais ma chère patrie! Le ciel a exaucé ma prière, je me retrouve aux lieux qui m'ont vu naître, et je ne puis remplir mon serment!

BERTHILIE

Et voilà donc la cause de ces angoises mortelles, de cette profonde douleur qui se peint dans tous vos traits?... Rassurez-vous, mon père; le ciel ne peut exiger de vous l'accomplissement de cette promesse indiscrète .. mais il existe encore d'autres moyens de lui témoigner votre gratitude et de rendre le calme à votre conscience troublée.

BERTRAM

Il n'en est qu'un ... et ce moyen est en ton pouvoir.

BERTHILIE

En mon pouvoir!...

BERTRAM.

Oui!... ô ma fille! prends pitié des tourmens qui me déchirent! ne permets pas que ton malheureux père descende dans la tombe avant de s'être réconcilié avec le ciel, avec lui-même!.. c'est à tes genoux que je t'en conjure.

BERTHILIE

O ciel! mon père! que faites-vous? pour être l'épouse de Théobard, en suis-je moins votre fille? Existe-il des nœuds qui puissent rompre ceux de la nature? ah! parlez, mon père, ordonnez : je jure d'avance, à la face du ciel, que vous serez obéi.

BERTRAM

Le ciel et ton père ont reçu ton serment. Ecoute-moi... sur les rives du Danube, au sommet d'un roc escarpé, s'élève un saint monastère, le but révéré de nombreux pélerinages; c'est là que je veux aller me faire relever de mon vœu téméraire, tu m'accompagneras seule, sans suite...

BERTHILIE

Je ne vous quitterai pas; mais vous oubliez les dangers sans nombre que, dans un aussi long voyage, nous allons avoir à surmonter... souffrez que Théobard nous accompagne.

BERTRAM, *avec effroi.*

Théobard!... non.

BERTHILIE

Ou qu'au moins il nous donne une escorte suffisante.

BERTRAM

Encore une fois, ma fille, ce voyage doit être un secret éternel pour Théobard lui-même... le ciel le veut ainsi.

BERTHILIE

Un secret pour mon époux! c'est impossible.

BERTRAM

Il le faut, je l'exige.

BERTHILIE

Je n'ai point de secret pour Théobard, pas une pensée qui ne lui appartienne, vous voudriez...

BERTRAM

Songes à ton serment.

BERTHILIE

Mes premiers devoirs sont ceux d'épouse et de mère; ni vous, ni le ciel même ne sauraient m'ordonner de les enfreindre.

BERTRAM

O ma fille! si tu savais...

BERTHILIE

Je sais ce que je vous dois; j'ai promis, et quelque pénible que soit le sacrifice que vous m'imposiez, je tiendrai ma parole; mais Théobard sera instruit, et du voyage, et des motifs qui me le font entreprendre : il les respectera.

BERTRAM

Ma fille! veux-tu me voir mourir à tes pieds?

BERTHILIE

Demandez ma vie, elle est à vous; mais n'exigez pas de moi ce qu'il m'est impossible de vous accorder... On vient, c'est Théobard.

BERTRAM

Plus d'espoir!.. tout est perdu!

SCENE VII.

Les Précédens, THEOBARD.

THÉOBARD, *après les avoir regardés attentivement.*

Comment dois-je interpréter l'inquiétude, le trouble où je vous vois l'un et l'autre?.... Berthilie, ton père t'aurait-il fait connaître...

BERTHILIE

Oui, mon ami, il m'a découvert le motif de ses peines secrèttes, et j'en suis, hélas! la cause innocente.

THEOBARD

Vous, Berthilie?

BERTHILIE

Mon père avait fait le vœu de consacrer sa fille au service des autels, si jamais le ciel le rendait à ses foyers.

THÉOBARD

Quelle barbarie!

BERTRAM

Ce que vous nommez barbarie, seigneur, eut été pour Berthilie le plus grand des bienfaits.

THÉOBARD

Le ciel en me la donnant pour épouse a rejetté, lui-même, ce cruel sacrifice.

BERTRAM

C'est en la frappant de mort aux pieds même des autels où l'infortunée reçut vos sermens, que le ciel eût fait éclater sa justice!

THEOBARD

Insensé! eh quoi! un vœu téméraire l'emporterait dans le cœur d'un père, sur la voix de la nature que tu veux outrager!

BERTRAM.

Moi, grand dieu!

THEOBARD.

Oui, vous, Bertram! En vous accordant les plus doux de ses bienfaits, une fille qu'elle a comblée de ses plus rares faveurs, la nature n'a point prétendu vous donner une esclave; votre enfant est un dépôt sacré: faire son bonheur est pour vous la plus sainte des obligations.

BERTHILIE.

Calme-toi! songe qu'il est mon père.

THEOBARD.

Vouloir, à la fleur de ton âge, te plonger vivante dans le tombeau du cloître, pour traîner quelques instans encore, sur les ruines de sa chaumière, une vie qui va s'éteindre!... Ah! cette idée me révolte! Je suis père aussi; mais s'il fallait acheter au prix de tout mon sang le bonheur de mon enfant...

BERTHILIE.

Mon ami! mon ami!

BERTRAM.

Vous me jugez mal. Vous ne savez pas... mais un moment viendra... moment terrible!... Malheureux! l'abîme est là... vous ne le voyez point encore...vous le montrer, serait vous y précipiter sans retour!

THEOBARD, *à Berthilie.*

Un calme passager nous abusait; il n'est que trop vrai, sa raison est égarée.

BERTRAM.

Non, seigneur; je possède, pour mon supplice, toute la plénitude de ma raison. Mais, tremblez que mon esprit, succombant enfin sous tant d'efforts, ne s'égare en effet, et que dévoilant, malgré moi, un horrible mystère...

BERTHILIE.

Un mystère, dit-il?

THEOBARD.

Bertram, mon cher Bertram, revenez à vous.

(Amalabergue et Bénédicte se montrent au fond de la scène.)

BERTRAM, *prenant la main des deux époux.*

Berthilie, veux-tu sauver les jours de ton époux, de ton enfant? il en est tems encore! Dis-leur un éternel adieu! Viens, suis-moi.

BERTHILIE.

Moi, abandonner ce que j'ai de plus cher au monde! jamais.

BERTRAM.

C'en est fait; plus de ressource, plus d'espérance! Prends donc ce poignard, Berthilie; arrache-moi la vie, c'est le seul moyen de salut qui te reste!

BERTHILIE.

Mon père!

BERTRAM.

Non, je ne le suis pas... je ne l'ai jamais été... Frappe, hâte-toi, par ma mort, de détruire la seule preuve... Déjà une puissance invisible m'entraîne... me commande... Viens, viens; dérobons-nous au coup qu'elle va frapper!

(Il veut fuir, Bénédicte l'arrête.)

SCENE VIII.

Les Précédens, AMALABERGUE, BENEDICTE.

BENEDICTE.

Bertram, cette puissance invisible à laquelle tu cherches en vain à te soustraire, est Dieu lui-même qui, dans ce moment solemnel, te parle par ma bouche.

THEOBARD.

Que veut-il dire?

BERTHILIE.

O mon ami, je tremble!

BÉNÉDICTE.

Bertram, toutes les affections terrestres doivent s'éteindre à la voix de l'Éternel ! S'il a conservé tes jours, s'il a brisé tes fers, s'il te ramène dans tes foyers, c'est qu'il t'avait choisi pour l'instrument de ta vengeance. Parlez, Bertram ; le ciel vous l'ordonne... dévoilez le crime...

THEOBARD.

De quel crime voulez-vous parler ?

BÉNÉDICTE.

D'un crime qui révolte la nature, qui voue à l'exécration publique, aux tourmens éternels, le malheureux qui s'en est rendu coupable... de l'inceste.

AMALABERGUE.

Eh ! quel est ce monstre coupable en effet de ce crime abominable ?

BÉNÉDICTE, *montrant Théobard.*

Le voilà.

THEOBARD.

Moi ?

BERTHILIE.

Dieu tout-puissant !

BÉNÉDICTE.

Bertram, osez encore me démentir.

BERTRAM.

C'en est trop, je succombe ! que le ciel prenne pitié de nous ! Berthilie, je ne suis pas votre père ; c'est à Odoard que vous devez le jour.

THEOBARD.

Berthilie, ma sœur !

BERTHILIE.

Odoard, mon père !

SCENE IX.

Les Précédens, EMMA, ELENIRE.

EMMA.

Odoard !... Qui a prononcé ce nom ?

BERTHILIE, *tombant dans un fauteuil.*

Je me meurs !

ELENIRE.

O ciel ! notre chère dame !

EMMA.

Silence !... elle repose !

AMALABERGUE, *à part.*

Je suis vengé !

(*Les groupes se forment ; la toile tombe sur ce tableau.*)

Fin du second acte.

ACTE III.

Le théâtre représente une enceinte dans les jardins du château de Rabenstein. Sur la gauche du spectateur, le péristile d'une chapelle gothique. Sur le frontispice est écrit: Sépulture des Chevaliers de Rabenstein. *Vis-à-vis, un monument avec cette inscription:* A Hugo de Rabenstein, mort en terre sainte. *Au fond, les remparts du château.*

SCENE PREMIERE.

(Crepuscule du matin.)

AMALABERGUE, *arrivant.*

Bénédicte a la clef de cette porte; il ne tardera sans doute pas d'arriver, et je ne doute nullement du bon effet qu'auront produit au couvent les nouvelles dont il est porteur. Tout réussit au gré de mes désirs! Théobard a arraché à Bertram des éclaircissemens qui ne lui laissent plus de doutes... le coup est parti! Quant à cette transfuge que Volfram réclame, et sur laquelle Bénédicte a conçu de si étranges soupçons... J'entends du bruit; c'est de ce côté... On vient... c'est Bénédicte..

SCENE II.

AMALABERGUE, BENEDICTE.

AMALABERGUE.

Enfin te voilà de retour!

BÉNÉDICTE.

Oui, seigneur. Mais, avant tout, daignez m'apprendre ce qu'est devenu Emma.

AMALABERGUE.

Toutes mes mesures pour la faire enlever ont été inutiles: renfermée dans son appartement, Elénire ne l'a pas quittée un seul instant.

BENEDICTE.

Fâcheux contretems!

AMALABERGUE.

En vérité, je ne conçois rien à tes appréhensions. Cette folle...

BENEDICTE.

Folle? Dites plutôt que les angoises d'une longue captivité, que les tourmens qu'on lui aura sans doute fait éprouver, ont affaibli sa raison, et produit cet état habituel de terreur et d'exaltation qui cessera aussitôt que la sécurité aura ramené le calme dans son âme. Alors elle parlera, se nommera...

AMALABERGE.

Je saurai bien l'en empêcher. Mais hâte-toi de m'apprendre les résultats de la visite au couvent.

BÉNÉDICTE.

Le succès de cette démarche me donnerait moins d'inquiétude, si vous y aviez déjà fait reconduire Emma.

AMALABERGUE.

Explique-toi ?

BENEDICTE.

Je trouvai la nouvelle abbesse assise devant une table couverte de papiers ; je lui racontai ce qui venait de se passer au château de Rabenstein. L'abbesse était instruite. Je prononçai ensuite le nom d'Emma ; elle n'eut pas alors l'air de m'écouter : je continuai cependant, et faisant l'énumération des avantages réciproques d'une alliance secrète entre elle et vous.... je finis par lui annoncer que cette transfuge, qu'elle savait sans doute aussi bien que moi être la sœur d'Odoard, allait dans quelques heures être remise en sa puissance.

AMALABERGUE.

Quelle imprudence !

BENEDICTE.

Pardonnez-moi, seigneur. Avant de m'être expliqué, l'abbesse avait déjà deviné tout ce que j'avais à lui dire. En parlant, il n'y avait plus rien à perdre, et tout à gagner.

AMALABERGUE.

Et quelle fut sa réponse ?

BENEDICTE.

Retournez, me dit-elle, près de celui qui vous a envoyé ; il peut être persuadé que je ferai, dans cette circonstance importante, tout ce que le devoir et ma conscience exigeront de moi.

AMALABERGUE.

J'entends. Le premier devoir d'une abbesse est de ne négliger aucuns des moyens que le hasard lui présente pour enrichir son couvent ; quant à sa conscience...

BENEDICTE.

Vous pourriez, cette fois, vous tromper. En sortant, je remarquai un grand rassemblement d'hommes d'armes dans la cour extérieure, Volfram leur donnait des ordres ; mais il me fut impossible de l'aborder.

AMALABERGUE.

Ce rassemblement est une suite toute naturelle du refus de Théobard de rendre la transfuge. Le château va être attaqué.

BENEDICTE.

Encore une fois, vous vous flattez trop facilement. Ecoutez-moi. Les guerriers que vous avez à votre solde, et qui, pendant l'absence de Théobard, avaient été commis à la garde du château, vous sont-ils entièrement dévoués ?

AMALABERGUE.

Entièrement.

BENEDICTE.

Il faut, sans perdre un instant, les rassembler et vous mettre à leur tête.

AMALABERGUE.

Et pourquoi cette précaution ?

BENEDICTE.

Votre propre sûreté vous la prescrit aussi longtemps que nous ne connaîtrons pas les véritables desseins de l'abbesse. Volfram ne tardera pas à paraître sous les murs du château. Quelle que soit sa mission, nous serons du moins certains alors de ne point être pris à l'improviste. S'il est pour nous, vos guerriers lui deviennent un renfort qui n'est pas à dédaigner ; s'il est contre...

AMALABERGUE.

Cela n'est pas présumable.

BENEDICTE.

J'en conviens ; mais enfin, si cela était ?... Ces guerriers, joints aux vassaux même de Théobard, que je saurai bien faire marcher au nom du ciel et de la religion outragée, ne laisseront pas la victoire incertaine. Mais déjà le jour commence à paraître. Allez, seigneur. Chaque moment est précieux. Je rentre au château pour connaître plus à fond les dispositions de Théobard. Je ne tarderai point ensuite à venir vous rejoindre.

AMALABERGUE.

J'adopte ton projet, et compte sur ton dévouement.

BENEDICTE.

Reposez-vous sur moi.

(Ils sortent: Amalabergue par la petite porte, Bénédicte par la grille.)

SCENE VII.

BERTHILIE, *pâle, les cheveux épars, sortant de la chapelle.*

Cette nuit, consumée dans les larmes, est donc enfin écoulée. C'est aux pieds du même autel où ma bouche a prononcé ce serment sacrilège, que j'ai vu naître le jour affreux qui doit éclairer notre éternelle séparation !... C'est ici que je dois le revoir pour la dernière fois, celui que je n'ose même plus nommer !... Infortunée ! combien de jours te faudra-t-il encore traîner ainsi sur ta déplorable existence ? Innocente et criminelle, objet d'horreur et de pitié, en vain j'appelle la mort : la peine de mon crime est de vivre. De mon crime ? suis-je donc coupable ? Malheureuse ! qu'oses-tu dire ? ton époux n'est-il pas ton frère ? Ton enfant... Ah ! mon fils, innocente et douce créature, tu ne vivras donc que pour l'opprobre et l'ignominie ! banni de la société des hommes, tu maudiras le jour qui te vit naître... tu maudiras le sein qui t'a porté... Me maudire, moi ! ta mère !... Non, jamais l'enfer n'inventa de tourmens pareils à ceux que j'éprouve... mon cœur se brise... mes forces m'abandonnent !... Théobard !... mon fils !... venez recevoir mon dernier soupir !

(Elle va aux pieds du monument.)

SCENE IV.

BERTHILIE, THEOBARD.

THEOBARD, *l'approchant.*

La voici !... ô mon dieu, fais peser sur moi seul le poids de nos communes douleurs, et donnez à cette innocente victime la force de consommer ce cruel sacrifice!... Berthilie!...

BERTHILIE

Qui m'appelle?

THEOBARD

C'est moi, c'est ton ami.

BERTHILIE, *allant à lui.*

Oui, c'est bien toi, c'est toujours toi!

THEOBARD

Chère Berthilie!... que la pensée consolante de souffrir sans l'avoir mérité, nous élève en ce moment au-dessus du destin qui nous persécute, rappelle ce courage que j'ai tant de fois admiré, lorsque m'arrachant de tes bras pour voler au champ de l'honneur, toi-même me présentais d'une main assurée ma lance et mon bouclier.

BERTHILIE.

Que les tems sont changés... Théobard, me disais-je alors, va défendre l'innocence opprimée: le ciel doit le protéger; ma confiance en sa justice était tout mon courage... mais maintenant que lui-même a frappé l'innocence, qu'il accumule sur sa tête tous les supplices à la fois., ah! dis-moi, Théobard, quel appui, quel soutien me reste-t-il encore?... où me réfugier?... où me sauver de moi-même?

THEOBARD

Il est un port assuré contre tous les orages de cette déplorable vie; mais il nous reste encore un devoir bien sacré à remplir.. Otto...

BERTHILIE

Mon fils!

THEOBARD

Arrachons cette victime à notre affreuse destinée... que ces jours heureux et paisibles que le ciel semblait nous avoir réservés, deviennent le partage de notre enfant... et emportons, au moins dans le tombeau cette triste et dernière consolation.

BERTHILIE

Vain espoir! le fruit de l'amour le plus tendre, le plus pur, est marqué du signe de la réprobation!... il est ton fils, Théobard, il est le mien... est-il un pouvoir sur la terre qui puisse le laver de cette tache inéfaçable?

THEOBARD

Oui, il en est un... c'est le cœur d'un père... Ecoute, Berthilie, écoute le projet qu'il m'a inspiré. Dans les Gaules, au pied des Alpes, sous un ciel enchanté, habite un preux et loyal chevalier. Ce fut dans un tournois où la victoire entre nous demeura indécise, que nous nous jurâmes une amitié à toute épreuve: c'est à lui que je veux confier mon fils et le secret de sa naissance.

BERTHILIE

Me séparer de mon enfant!.... jamais.

THEOBARD

Il le faut: il faut qu'Otto soit mort pour les lieux qui l'ont vu naître, s'il ne doit pas un jour maudire son existence et ceux dont il la tient.

BERTHILIE

Grand dieu !

THEOBARD

Le fidèle Hermann le conduira dans les bras de son père adoptif... bientôt les jours de son enfance s'effaceront de sa mémoire; il ignorera jusqu'au sang dont il est issu.

BERTHILIE

Il oubliera sa mère !

THEOBARD

Il sera le premier de sa race, et le nom qu'il portera un jour, il ne le devra qu'à sa valeur, à ses vertus ! chère Berthilie ! je t'en conjure, modère cette trop juste douleur.

BERTHILIE

Ah ! tu ne la connais pas, cruel !... tu ne connais pas le cœur d'une mère !... mon enfant arraché du sein qui l'a nourri, confié à des mains étrangeres...

THEOBARD

Faut-il donc te mettre sous les yeux l'affreux tableau de l'avenir que ton aveugle tendresse prépare à ton enfant ?... Dans quelques heures, que dis-je ? dans un instant, peut-être, tu ne seras plus la maîtresse de disposer de son sort et du tien... Tous les habitans de cette contrée, mes propres vassaux, conduits par des prêtres farouches, viendront inonder cette demeure encore solitaire ; le fanatisme étouffera dans leurs cœurs, la voix de l'humanité.... ils croiront servir le ciel en outrageant la nature... envain nous voudrons leur opposer, toi tes larmes, moi la force de mon bras... vains secours... efforts inutiles...

BERTHILIE.

Arrête, arrête ! Je veux voir mon fils !

THÉOBARD.

Herrmann a reçu de moi l'ordre de nous l'amener ici. Berthilie, crois-tu donc que je souffre moins que toi ?

BERTHILIE.

Pardonne, j'étais injuste. Oui, mon ami, tu sais mieux que sa mère aimer notre enfant.

(Hermann au fond de la scène tenant Otto par la main.)

THEOBARD.

Le voici.

SCENE V.
Les Précédens, HERRMANN, OTTO.

(Hermann fait signe qu'il va observer et se retire.)

BERTHILIE, *tenant Otto dans ses bras.*

Mon fils ! mon cher Otto !

OTTO.

Tu as pleuré! Autrefois, quand tu pleurais, et que je t'en demandais la raison, tu me répondais toujours : j'ai perdu mon père, je ne le reverrai plus!... Il est revenu, et tu pleures encore!

BERTHILIE.

Pauvre enfant! malheureuse mère!... O mon fils! puisse le ciel inexorable envers les auteurs de tes jours, verser sur toi toutes ses bénédictions!... Tu vas nous quitter, mon fils! bientôt l'image de ta mère s'effacera de ton cœur, avec les souvenirs de ton enfance; tu seras seul sur la terre. O mon dieu! si je dois croire encore à ta justice, à ta bonté, tu conserveras à ce malheureux enfant la plus belle partie de l'héritage de ses ancêtres... celle que ni les hommes, ni le sort ne pourront lui enlever... les vertus de son père!

THEOBARD, *posant la main sur la tête d'Otto.*

Donnes-lui, ô mon dieu! le cœur de sa mère!

OTTO.

Que dites-vous donc?

THEOBARD.

Cher enfant!

SCENE VI.

Les Précédens, HERMANN.

HERRMANN.

Seigneur, vos funestes presentmens se confirment. Déjà des rassemblemens se forment de toutes parts.

BERTHILIE.

Hermann! sauvez, sauvez mon fils!

THEOBARD.

Où est Amalabergue?

HERRMANN.

On l'ignore. L'ermite l'a proclamé l'héritier de Rabenstein.

THEOBARD.

Il ne l'est point encore! (*Des clameurs se font entendre.*)

BERTHILIE.

Quels cris se font entendre? Ce sont eux, ils arrivent! ils viennent m'arracher mon enfant! (*Une patrouille traverse rapidement le rempart.*) C'en est fait!

(*Ils embrassent leur enfant et le remettent à Herrmann qui l'enlève.*)

SCENE VII.

BERTHILIE, THEOBARD.

THEOBARD.

Grand dieu! après tant de sacrifices, voudrais-tu me condamner à vivre encore?

BERTHILIE.

Où suis-je ? (*elle regarde autour d'elle.*) Théobard, qu'est devenu mon fils ?

THEOBARD.

Il va sous un ciel étranger, retrouver des soins que nous n'osions plus lui donner... hélas ! cette cruelle séparation devait précéder...

BERTHILIE.

N'achèves pas... nous séparer, nous!... jamais!... J'ai pu renoncer à mon fils pour sauver ses jours; mais maintenant que je n'ai plus à trembler pour une tête si chère, je reprends ce courage que l'amour maternel avait étouffé... eh ! qu'aurais-je à craindre encore ? ces hommes !.. ils ne peuvent que m'arracher la vie !... qu'ils viennent, Théobard ; c'est dans tes bras que je veux mourir !

THEOBARD.

Oui, ensemble! que ces mots ont de charmes pour moi ! déjà mon âme, détachée de tous ses liens terrestres, ne voit plus que toi et l'éternité.

THEOBARD, (*montrant la chapelle.*)

C'est ici que, sous des auspices si trompeurs, s'allumèrent pour nous les pâles flambeaux de l'hyménée.,, c'est là qu'il faut mourir !

BERTHILIE.

Viens !

SCENE VIII.

Les Précédens, BERTRAM.

BERTRAM.

Théobard ! Berthilie ! Dieu soit béni, je vous retrouve !

THEOBARD.

Bertram, que nous voulez-vous encore?

BERTRAM.

Je veux vous sauver... Amalabergue et Benédicte, à la tête d'un parti formidable, se préparent à donner l'assaut. Ce moine perfide a lancé l'anathème contre vous, contre tous ceux qui oseraient vous obéir, il ordonne au nom du ciel, à la foule qui l'environne, d'exterminer jusqu'au dernier rejetton d'une race impie.

THEOBARD.

Le monstre !

BERTRAM.

Vos guerriers ont juré de mourir sur la brêche.. mais hélas ! ils succomberont sous le nombre.

THEOBARD.

Qu'ils n'opposent pas à mes féroces ennemis un courage inutile.

BERTRAM.

Venez, suivez-moi.

BERTHILIE.

Quel est votre dessein, Bertram ?

Berthilie. 6

BERTRAM.

J'ai tout prévu, tout préparé. A l'instant où l'ennemi pénétrera jusques dans cette enceinte, il y verra cet édifice en flammes. J'attesterai que je viens de vous y voir périr sous mes yeux : et me jettant ensuite dans ce gouffre embrasé, ma mort deviendra le garant de la vôtre. Toutes recherches cesseront aussitôt, et vous pourrez vous éloigner sans crainte d'être poursuivis. Je vous en conjure, Seigneur, le tems presse, hâtez-vous.

THÉOBARD.

Bertram! Et c'est toi, l'auteur de tous mes maux, qui veut sacrifier tes jours!

BERTRAM.

Ah! fuyez, seigneur, fuyez, vous dis-je.

THÉOBARD.

J'ai sauvé notre enfant!... Otto ne tombera pas entre les mains de ces barbares... rien désormais ne nous attache plus à la vie! je brûle de la quitter... Nous restons... Mon amie, nous mourrons ensemble!

BERTRAM.

Affreuse destinée!

SCENE IX.

Les Précédens, EMMA, ELENIRE.

EMMA, *se précipitant sur la scène.*

Où fuir... où me cacher?... Ces soldats, ces cris affreux!... (*appercevant Berthilie.*) Ah! tu trembles aussi! ne crains rien... c'est moi... c'est Emma qu'ils viennent chercher.

THÉOBARD.

Emma!

ÉLÉNIRE.

Oui, seigneur, cette infortunée n'est autre qu'Emma, sœur de votre père Odoard : elle-même m'en a fait l'aveu... et en rapprochant les diverses parties d'un récit souvent interrompu... Vous le dirai-je, madame, j'ai un pressentiment... s'il se vérifiait, tous nos malheurs seraient terminés.

BERTRAM.

O ciel! Elénire, que dites-vous?

ÉLÉNIRE.

Bertram! si vous nous aviez trompé, ou plutôt si vous-même, abusé...

BERTRAM.

Moi!

ÉLÉNIRE.

Vous rappelez-vous un certain Maurice?...

BERTRAM.

Maurice! un jeune écuyer d'Odoard?

ÉLÉNIRE.

Eh bien, ce Maurice...

EMMA.

Maurice !

ÉLÉNIRE.

Silence ! elle va parler.

EMMA.

Il n'était pas chevalier, ce pauvre Maurice ! mais cela n'avait point empêché de nous aimer !... Un jour, Odoard était absent, un saint homme nous donna sa bénédiction. . Mes amis, c'est là mon crime ! Le farouche Odoard, mon frère, n'aima jamais.

ÉLÉNIRE.

Ecoutez bien.

EMMA

Une nuit... ma fille était là, dans son berceau... Maurice ici, à côté de moi... il la regardait dormir... tout-à-coup la porte s'ouvre : c'était Odoard ! il saisit Maurice, le renverse, son sang coule ! jetée dans un sombre cachot, j'y pleurais la mort de Maurice !... souvent il venait me consoler ; mais en voyant cette large blessure dans le flanc, ce sang qui coulait encore, je jettais chaque fois un cri perçant... alors il disparaissait... bientôt il ne revint plus !

BERTHILIE.

Et votre enfant, qu'est-il devenu ?

EMMA

Si je le savais !... Odoard, en me remettant à la méchante abbesse, me dit : « Je pars pour la Terre Sainte, expier la mort du » perfide Maurice ; ta fille vit ; c'est bien assez d'un meurtre !... » mais tu ne reverras jamais ni le jour, ni ton enfant. »

BERTRAM

Quel soupçon !

BERTHILIE

Ah ! parlez, Bertram, parlez !... rappelez à votre mémoire jusqu'aux moindres détails...

BERTRAM, *cherchant à se rappeler d'anciens souvenirs.*

Lorsqu'Odoard entra dans ma cabanne, il avait l'air furieux, égaré... sa main tremblait en soulevant son manteau pour me montrer l'enfant qu'il venait confier à mes soins... il n'a point nommé sa mère... en se disant son père, le regard sombre et farouche qu'il portait sur l'innocente créature, démentait ses paroles... ce fut à la même époque que le bruit se répandit que Maurice, son écuyer, avait soudain disparu, et qu'Emma avait pris le voile.

THÉOBARD

Grand dieu !... Berthilie... il serait possible !

BERTHILIE

Théobard ! si c'était là ma mère !

THÉOBARD

Emma, je suis le fils de votre frère Odoard.

EMMA

Toi, son fils ! (*à Berthilie.*) Bonne amie, parles à ce fils d'Odord; ton père lui aura révélé son affreux secret : il sait où est mon enfant !... il faut qu'il me le rende... c'est à toi que je veux le confier.

BERTHILIE

Et si j'étais moi-même cette fille si tendrement chérie ?

EMMA

Toi ! (*elle la regarde avec attention.*) Non, non, tu m'aurais appellé ta mère !

BERTHILIE

O ma mère !

EMMA, *la pressant sur son cœur.*

Silence, ma fille !... l'enfant de Maurice a été proscrit dès son berceau !... Si le fils d'Odoard t'avait entendu !...

BERTHILIE

Il est mon époux ! il est ce que j'ai de plus cher au monde !

EMMA

Ton époux... il serait... ah ! laisse, laisse-moi... mes idées se confondent, ma tête... (*désignant Berthilie.*) Elle est la femme du fils d'Odoard ! elle m'a trompée !... Maurice ne me permet pas de rester plus long-tems près d'elle... Viens, allons nous en.

ELÉNIRE, *l'arrêtant.*

Encore un instant ?

BERTHILIE

Cruel mystère !

THÉOBARD

Dieu Tout-Puissant ! jette un rayon de ta lumière dans l'affreuse nuit qui nous environne !

SCÈNE X.

Les Précédens, AMALABERGUE, Soldats.

AMALABERGUE

Les voilà ! soldats, que l'on s'empare de ce couple sacrilège !

THÉOBARD

Traître !

AMALABERGUE

Le ciel commande, je dois obéir.

BERTHILIE

Homme lâche et perfide ! va, je n'attendais pas moins de toi !

AMALABERGUE

Vous deviez en effet vous attendre à me voir remplir mon devoir... Théobard, toute résistance devient inutile... Le chevalier Volfram, auquel je viens de faire ouvrir les portes du château, va paraître... déjà Herrmann et ton fils sont en son pouvoir.

THÉOBARD

Grand dieu ! tu l'as donc permis.

AMALABERGUE

Voici Volfram !

SCENE XI.

Les précédens, VOLFRAM, OTTO, HERMANN, Soldats, Vassaux.

VOLFRAM, *à Berthilie.*

Madame, je vous ramène votre fils, qu'un hasard heureux m'a fait rencontrer.

BERTHILIE.

Mon fils! il m'est donc rendu!

THEOBARD.

Qu'entends-je?

VOLFRAM.

Vertueux Théobard! lorsque je vins près de vous réclamer une transfuge du couvent dont je porte la bannière, croyez que ni moi, ni celle qui m'envoyait, ne connaissions encore la vérité. Mieux instruits, je suis chargé par elle de vous remettre ces papiers, trouvés chez la défunte abbesse. Le ciel, en la frappant d'une mort inopinée, ne voulait sans doute pas lui laisser le temps d'anéantir ces précieux documens, qui constatent que votre épouse n'est pas votre sœur: qu'elle est la fille d'une infortunée trop long-temps victime de l'orgueil et du fanatisme.

BERTHILIE.

Dieu! ma mère!

VOLFRAM, *montrant Emma.*

La voilà!

BERTHILIE, *courant à Emma.*

Plus de doutes! ô ma mère!

THEOBARD.

Jour mille fois heureux!

EMMA, *tenant Berthilie dans ses bras.*

Cher enfant!

BERTRAM.

Pardonne, ô mon dieu! si j'ai pu douter un instant de ta sagesse, de ta bonté!

VOLFRAM.

Sachez, chevalier, sachez tous que si les Vandales ont dévasté notre heureuse patrie, c'est à ce monstre (*désignant Amalabergue*) que vous le devez. Mais c'est trop long-temps souiller par sa présence ce toît hospitalier où il espérait porter le deuil et le désespoir.. c'est au tribunal suprême des Chevaliers de la Thuringe, convoqué par mes soins, qu'il appartient de le juger.

AMALABERGUE.

Ne vous flattez pas de ce dernier triomphe! Amalabergue vaincu n'aura d'autre juge que lui-même!

THEOBARD, *à Volfram.*

Chevalier, comment reconnaître jamais d'aussi grands bienfaits?

VOLFRAM.

Instrument d'une sage et juste providence, j'ai démasqué le crime, j'ai vengé la vertu: voilà ma récompense.

(*Les groupes se forment, la toile tombe.*)

FIN.

www.ingramcontent.com/pod-product-compliance
Lightning Source LLC
Chambersburg PA
CBHW062010070426

42451CB00008BA/584